DE LA

CONTREFAÇON

DES

ŒUVRES D'ART

AUX

ÉTATS-UNIS

PARIS

IMPRIMERIE BOUSSOD, VALADON & Cie

9, RUE CHAPTAL

1888

DE LA

CONTREFAÇON DES ŒUVRES D'ART

AUX ÉTATS-UNIS

DE LA

CONTREFAÇON

DES

ŒUVRES D'ART

AUX

ÉTATS-UNIS

PARIS

IMPRIMERIE BOUSSOD, VALADON & Cie

9, RUE CHAPTAL

1888

DE LA

CONTREFAÇON DES ŒUVRES D'ART

AUX ÉTATS-UNIS

La propriété littéraire est une propriété.

ALPHONSE KARR.

Depuis déjà bien des années, les grandes puissances européennes ont reconnu que les productions de l'esprit constituaient une propriété qu'il était du devoir de la loi de protéger. Aussi, chacune de ces puissances a-t-elle établi une législation spéciale pour protéger chez elle cette propriété; mais, comme les œuvres de l'esprit ne peuvent être immobilisées, cette législation, qui était efficace pour protéger la propriété artistique et littéraire dans son pays d'origine, la laissait sans défense en dehors des frontières. Les industriels des autres nations pouvaient ainsi librement reproduire tel livre ou telle gravure provenant d'un pays étranger, sans avoir besoin d'y être autorisés par l'auteur ou par le propriétaire. La contrefaçon, c'est-à-dire la reproduction illicite d'une œuvre qui est la propriété d'un autre, florissait donc au grand détriment des auteurs et éditeurs des pays les plus favorisés au point de vue de leur production littéraire et artistique.

C'est alors que des conventions internationales furent reconnues comme étant indispensables pour mettre un terme à un état de choses profondément immoral, puisque, du moment que l'œuvre artistique était considérée comme constituant une propriété, tolérer que l'on s'appropriât, sans droit, cette œuvre artistique c'était, tout simplement, reconnaître une sorte de droit au vol : la contrefaçon, en effet, n'est qu'un vol.

Ces conventions, principalement depuis ces dernières années, ont apporté des améliorations très importantes au régime auquel est soumise la propriété artistique et littéraire dans les différents pays d'Europe. Le type le plus parfait de ces conventions est celui qui a été adopté par le Congrès réuni à Berne en septembre 1886. Tout en rendant justice aux louables efforts qui ont amené ce résultat, relativement si satisfaisant, de l'adoption par la plupart des grandes puissances d'une législation internationale telle que celle qui a été adoptée au Congrès de Berne, nous avouerons que nous ne sommes pas encore complètement satisfaits et que nous espérons qu'un jour la propriété artistique et littéraire sera protégée au même titre et de la même façon que les autres propriétés, ce qui, du reste, a déjà existé en Angleterre pendant une partie du siècle dernier.

Mais si notre ambition est si grande que nous voulons encore plus qu'on ne nous a donné en Europe, nous serions bien heureux si nous pouvions obtenir que les États-Unis accordassent à la propriété artistique et littéraire la même protection que celle. dont elle jouit sur notre continent.

A l'heure actuelle, la République des États-Unis est devenue la grande usine des contrefaçons du monde entier, et c'est la seule puissance civilisée qui n'accorde aucune protection à la propriété artistique et littéraire des étrangers. La loi américaine ne protège le droit de reproduction que lorsqu'il s'agit d'une œuvre produite par un artiste américain et appartenant à un citoyen ou à un *résident* américain. Le mot *résident* a donné lieu à différentes interprétations, mais nous n'avons pas l'intention d'entreprendre ici une étude juridique ; nous voulons simplement exposer des faits qui révoltent la conscience des honnêtes gens, à quelque pays qu'ils appartiennent, et qui sont un défi porté à la civilisation et à la morale. Le résumé de la législation américaine est celui-ci : Tout Américain peut impunément reproduire, contrefaire et prendre pour sienne toute œuvre artistique ou littéraire produite par un étranger. »

Et cependant, pour excuser une législation si monstrueuse, les États-Unis ne peuvent même pas faire valoir que pour eux les œuvres d'art ne sauraient donner lieu à un droit de propriété, puisqu'ils reconnaissent la propriété artistique et la protègent en ce qui concerne leurs nationaux, ainsi que le prouve l'extrait suivant de leurs statuts de 1790 revisés en 1870 :

Paragraphe 4952 : « Tout citoyen des États-Unis ou résident qui sera l'auteur, l'inventeur, le dessinateur ou le propriétaire d'un livre, d'une carte de géographie, d'une carte marine, d'une composition musicale ou dramatique, d'une gravure, d'un bois gravé, d'une photographie ou d'un cliché, d'un tableau, d'un dessin, d'une chromo, d'une statue ou de modèles de dessin destinés à être transformés en œuvres d'art, aura seul le droit de l'imprimer, de le réimprimer, de le publier, de le compléter, de le copier, de l'exécuter, de le finir et de le vendre ; » mais, à la suite de ce paragraphe, s'en trouve un autre, le paragraphe 4971, qui ajoute que « rien de ce qui est dit au paragraphe 4952 ne pourra être interprété comme pouvant empêcher le tirage, la publication, l'importation ou la vente d'un livre, d'une carte de géographie, d'une carte marine, d'une composition musicale ou dramatique, d'une impression, d'une gravure sur bois, d'une gravure ou d'une photographie, écrite, composée ou faite par quiconque n'est ni citoyen américain ni résident. »

Comme nous venons de le montrer, c'est sciemment, par les statuts mêmes, que la contrefaçon est autorisée par les États-Unis. Il en résulte pour les artistes et le commerce d'art européens, et, en particulier, pour le commerce français et anglais, un préjudice que nous croyons pouvoir estimer à plusieurs millions par an.

La contrefaçon, aux États-Unis, existe depuis longtemps, on peut dire qu'elle a toujours existé; mais, tant que les procédés de reproduction étaient dans leur enfance, cette industrie, en ce qui concerne les gravures, par exemple, se trouvait forcément très limitée, tandis que, dans ces dernières années, les procédés de reproduction sont arrivés à une perfection telle, que des maisons importantes se sont fondées aux États-Unis pour le commerce des contrefaçons. Nous citerons la *Forbes Company,* de Boston, *Osgood & C°,* de Boston, et surtout *Ch. Taber & C°,* de New-Bedford. Toutes ces maisons publient des catalogues, illustrés et non illustrés, où s'étalent impudemment les reproductions de toutes les plus belles gravures publiées par les éditeurs européens, tels que MM. *Agnew, Dowdeswell, Mendoza, Lefebvre, Lucas*, etc., pour l'Angleterre, *Goupil et Cᵉ, Bulla, Sedelmeyer*, etc., pour la France.

Non contents de répandre ces catalogues, les industriels ont l'audace d'adresser des circulaires aux marchands américains qui sont en relations d'affaires avec l'Europe pour les informer que, dans les trente jours qui suivront la mise en vente en Amérique des nouveautés publiées par les éditeurs étrangers, ils seront en mesure de livrer des contrefaçons de ces mêmes nouveautés à vil prix. Comme conséquence, en Europe, le commerce des gravures diminue de jour en jour avec l'Amérique, et il est évident que les maisons honnêtes des États-Unis qui, autrefois, faisaient de grosses affaires avec les éditeurs étrangers, n'osent plus acheter des estampes que les dépenses nécessitées par leur exécution artistique rendent d'un prix forcément élevé, quand elles sont exposées à voir leurs concurrents moins loyaux offrir à des prix dérisoires des reproductions de ces mêmes estampes qui sont loin de valoir, il est vrai, au point de vue de l'art, les originaux, mais qui, en somme, représentent les mêmes sujets.

Voici ce que dit l'un des catalogues des contrefacteurs : « Ces belles gravures sont les fac-similés exacts des gravures et eaux-fortes les plus rares et les plus chères d'après les maîtres anciens ainsi que des plus belles publications modernes faites en Europe. Elles sont tirées sur le même papier, avec la même encre que les originaux. »

Entre autres contrefaçons, nous citerons l'*Angelus,* de Millet, le *Christ devant Pilate,* de Munckacsy, la *Ronde de nuit* de Rembrandt. Ces trois planches ont été gravées à l'eau-forte par M. Waltner. Or la maison Taber & C°, de Boston, offre au public ces contrefaçons au prix de cinq francs! Veut-on un exemple : la *Ronde de nuit,* a été éditée par la maison Goupil et C° à un nombre limité d'épreuves, mais d'un prix très élevé (certains états se vendent 2,500 francs) car la planche a coûté 100,000 francs. Cette œuvre d'art exceptionnelle a été publiée en mars 1887. Au mois de mai suivant les contrefaçons de cette planche étaient vendues un dollar en Amérique !

Ainsi, voilà une planche qui a coûté 100,000 francs à l'éditeur, avec laquelle il est en droit d'espérer retrouver au moins la somme qu'elle a coûtée, et dont la vente se trouve arrêtée aux États-Unis parce qu'il a plu à une maison peu scrupuleuse de faire de cette œuvre d'art une contrefaçon, qui ne lui coûte, à elle, qu'une somme infime, et de la vendre à vil prix à ceux qui auraient pu être tentés d'acquérir une reproduction du chef-d'œuvre de Rembrandt. Et cela se passe sous l'œil bienveillant de la police améri-

caine ! Et l'honnête industriel, auteur de la contrefaçon, peut marcher dans son pays le front haut
et prétendre être *respectable*. Il n'a rien fait de
contraire aux lois américaines, il a simplement
volé un étranger. Ah ! s'il lui avait volé son mou-
choir ou sa montre, c'eût été une autre affaire, et
les tribunaux n'eussent pas eu assez de sévérités
pour lui. Mais il a pris à un éditeur étranger, avec
sa contrefaçon, une centaine de mille francs peut-
être, cela ne l'empêche pas d'être honorable, puisque
la loi le permet !

Si, pour des gravures comme la *Ronde de nuit,*
dont le principal mérite consiste dans la qualité du
travail, la contrefaçon cause déjà un grand préjudice,
ce préjudice est encore bien plus considérable quand
il s'agit de gravures qui séduisent surtout par le
sujet, car, pour bien des personnes n'ayant pas le
goût artistique très développé, le sujet est la chose
la plus importante; et, trouvant pour une somme
infime le sujet qu'elles désirent, ces personnes n'hé-
sitent pas à acheter la contrefaçon de préférence à
l'original.

Nous pourrions multiplier ces exemples à l'infini,
car tous les éditeurs sont pillés dans des proportions
analogues.

Non seulement les Américains font des contrefaçons qui se vendent comme objets d'art, mais

encore ils copient les sujets des plus belles gravures pour s'en servir comme de réclames, soit pour envelopper des savons, soit pour les utiliser comme affiches de théâtre, etc., etc.; enfin ils en usent de toutes manières. Or, il est facile de comprendre que la personne qui trouve le savon qu'elle vient d'acheter enveloppé dans une reproduction d'une estampe est peu disposée à donner une somme relativement importante pour se procurer un sujet qui est devenu d'un emploi aussi vulgaire.

L'absence d'une loi internationale protégeant la propriété artistique et littéraire pouvait être autrefois regrettable et préjudiciable, mais cependant elle l'était dans des limites beaucoup moindres. Nous allons le montrer en quelques mots.

En ce qui concerne les gravures, avant les nouvelles découvertes, aucune maison ne pouvait établir le commerce de la contrefaçon d'une façon sérieuse. En certaines occasions, un éditeur américain pouvait bien faire reproduire, dans un but spécial, un sujet qui ne lui appartenait pas (par exemple, pour illustrer un livre, il pouvait faire graver sur bois un sujet qui était la propriété d'un éditeur étranger); mais il ne lui était pas possible, nous le répétons, de faire de la contrefaçon une industrie, en établissant une planche des mêmes dimensions que la planche originale, et en la publiant sous la même forme; tandis que, aujourd'hui, un éditeur anglais ou français fera faire une planche par un graveur : il la paiera 25 ou 50,000 francs : un industriel américain se procurera une des premières épreuves, la fera reproduire par un des nombreux procédés actuels, et, quelques jours après, offrira ses contrefaçons pour 2 fr. 50 ou 3 francs, tandis que l'éditeur étranger, lui, sera obligé de vendre les épreuves originales 30 ou 40 francs. Le contrefacteur n'aura pas eu, en effet, comme l'éditeur européen, à débourser une grosse somme pour le prix de la gravure et pour le droit de reproduction.

En examinant le fait de près, il y a, dans la contrefaçon ainsi pratiquée, vol, non seulement d'une propriété artistique, mais encore d'une propriété industrielle. Car, en réalité, l'œuvre artistique est la planche gravée elle-même. L'épreuve n'est, elle, qu'une reproduction plus ou moins satisfaisante de l'œuvre d'art, suivant que le tirage est plus ou moins bien fait. C'est un objet absolument commercial, puisque la qualité essentielle d'une œuvre d'art, c'est d'être unique, et que l'éditeur peut fournir un nombre illimité d'épreuves. Lors donc que le contrefacteur vend des reproductions d'une gravure, il vend des contrefaçons d'un objet commercial, et son bénéfice représente la perte qu'il fait subir à l'éditeur qu'il a volé.

Nous croyons devoir faire remarquer que la

question a beaucoup changé d'aspect relativement
aux gravures, par l'extension qu'on a donnée au
mot : *droit de reproduction (copyright,* en anglais).
En effet, dans le sens précis du mot, et à son origine, il nous semble que les nations qui n'ont pas
voulu protéger la propriété artistique ont simplement voulu dire que leurs nationaux avaient le droit
de s'approprier l'idée et la composition d'un tableau
et d'en faire usage, sans avoir à s'occuper si, anté-
rieurement et dans un autre pays, ce même tableau
avait déjà été reproduit.

Supposons un tableau de Meissonier, par exemple.
Il a été reproduit en France par la gravure. Ce même
tableau est vendu à un Américain qui le fait aussi
graver. Il y a là évidemment une concurrence fâ-
cheuse pour l'éditeur propriétaire de la première
gravure, mais, dans la pratique, la concurrence qui
pouvait résulter de ce manque de protection était
peu à craindre, car elle supposait, chose assez peu
probable, que le second propriétaire du tableau
ferait la dépense d'une seconde gravure, lorsqu'il en
existait déjà une, et il ne pouvait pas espérer tuer
la vente de la première par le bon marché auquel il
vendrait la sienne, puisque la somme qu'il aurait
payée pour faire faire sa gravure, étant forcément
assez considérable, devait être un obstacle au bon
marché; tandis que, en *reproduisant* une épreuve

de la première gravure, il ne supporte qu'une dépense insignifiante pour s'approprier une œuvre qui a coûté fort cher.

Le droit de reproduction, selon nous, devrait s'entendre de l'idée que l'artiste a conçue et a représentée sur sa toile. Si on ne veut pas protéger cette idée elle-même, il faudrait, tout au moins, que le manque de protection ne s'étendît pas aux objets de commerce qui ont pu en être tirés, car là, il n'y a pas seulement vol moral, mais encore vol matériel. Une nation honnête devrait donc protéger une gravure comme est protégée une propriété industrielle. Non seulement les éditeurs, mais les artistes eux aussi, y trouveraient leur compte, car, ainsi que nous l'avons montré plus haut, la contrefaçon deviendrait bien difficile, et, par conséquent, la rémunération qu'ils seraient en droit de demander à l'éditeur pour l'exploitation de leurs œuvres pourrait être plus considérable.

Après avoir vu comment la contrefaçon américaine procède avec les gravures, nous allons examiner comment elle opère pour les livres.

La situation faite aux auteurs étrangers par la législation américaine est des plus mauvaises.

Les progrès que la science a fait faire à l'industrie sont tels, qu'un grand nombre d'éditeurs américains ont, en ce moment, des machines et un outillage assez perfectionnés pour qu'un ouvrage publié à l'étranger puisse être imprimé dans les vingt-quatre heures qui suivent son arrivée à New-York.

Voici, à ce sujet, un exemple bien typique de la piraterie américaine :

Il y a quelques années, un des plus grands éditeurs anglais, M. L..., achetait, pour la somme de £ 10,000 le manuscrit d'*Endymion*, de Lord Beaconsfield. C'était un joli prix, mais l'éditeur comptait sur une vente importante, non seulement en Angleterre, mais aussi en Amérique, car les œuvres du premier ministre anglais excitaient un vif intérêt dans ces deux pays. M. L... préparait donc son édition, et, comme elle était considérable, son exécution demandait un certain temps. Or, un éditeur américain avait eu vent de l'affaire, et voici, nous a-t-il été raconté, le moyen qu'il employa pour s'assurer la vente de ce roman, en Amérique. Il soudoya, chez M. L..., un ouvrier qui réussit à se procurer les bonnes feuilles du livre. Un steamer attendait avec une équipe de compositeurs : les épreuves leur furent remises et, pendant la traversée, les formes furent composées, de façon que, à l'arrivée, il n'y eut plus qu'à faire rouler les machines, et l'industriel américain publia, en même temps que l'éditeur anglais et à un prix bien inférieur, le roman de Disraëli, ce qui lui rapporta une fortune. Quant à l'éditeur anglais, il eut pour seule consolation d'admirer la loi américaine qui permettait que, au dix-neuvième siècle, le vol pût se pratiquer au grand jour et dans de telles proportions.

MM. Black, d'Édimbourg, ont été victimes d'un fait analogue, pour leur grande publication *Encyclopedia Britannica*. S'apercevant que chaque volume de cet ouvrage était publié par la maison américaine Stoddart & C°, de Philadelphie, presque en même temps qu'ils le publiaient eux-mêmes, ils cherchèrent comment cela pouvait se faire, et ils reconnurent que le coupable était un nommé John Henderson Monro qui arrivait d'Amérique et s'était présenté chez eux au moment où commençait la publication de cet ouvrage. Il avait demandé un emploi dans la partie de l'atelier où les feuilles qui ont servi aux corrections sont jetées : il pouvait ainsi s'emparer de ces feuilles et les envoyer à messieurs Stoddart & C°.

M. L..., de Londres, a été tout récemment pillé d'une façon semblable. Il a publié dernièrement un roman de Ryder Haggard, *She*. Or, ce même roman paraissait en Amérique en même temps que M. L... le mettait en vente en Angleterre, et, à l'heure actuelle, le contrefacteur en est à la treizième édition.

Le grand ouvrage *les Saints Évangiles,* publié

par la maison Hachette et Ce, a été, lui aussi, contrefait en Amérique. On a copié les gravures de Bida, les en-têtes, les culs-de-lampe, les lettrines et autres ornements qu'il contient.

Voici, enfin, un dernier trait :

La maison B..., de Boston, était en pourparlers avec M. L..., éditeur français, pour une édition américaine du *Voyage sentimental,* de Sterne, qu'il a publié avec illustrations de Maurice Leloir. Les conditions étaient acceptées de part et d'autre, et M. L... commençait l'édition qui lui était commandée, lorsqu'il reçut une lettre de M. B..., lui annonçant qu'une contrefaçon de l'édition publiée à Paris venait de paraître en Amérique. D'où, naturellement, impossibilité pour l'éditeur américain de donner suite à sa commande.

Nous croyons avoir suffisamment montré que la contrefaçon, telle qu'elle est pratiquée aux États-Unis, ne peut pas avoir d'autre nom que le vol.

Nous allons examiner maintenant si les États-Unis ont un intérêt réel à maintenir un pareil état de choses, et nous croyons pouvoir prouver le contraire. Nous ajouterons qu'en nous plaçant au point de vue *moral,* les idées d'équité sont assez généralement répandues à notre époque pour qu'un pays, qui prétend être civilisé, ne fasse pas ainsi litière des principes les plus élémentaires de l'honnêteté, quand même il croirait que son intérêt matériel trouve un avantage à laisser subsister un pareil état de choses. Mais, nous le répétons, cet intérêt matériel n'existe même pas.

Quelles sont les raisons sur lesquelles s'appuient les États-Unis et, du reste, tous les pays qui n'ont pas admis la protection de la propriété artistique? Sur ce que, n'ayant pas d'artistes et d'auteurs, ils n'avaient, eux, rien à protéger, et que, par conséquent, ils avaient tout intérêt à pouvoir s'approprier impunément les productions des pays moins dépourvus qu'eux de littérateurs et d'artistes.

Ce raisonnement est cyniquement immoral. Cependant, l'immoralité une fois admise, on peut dire qu'il est juste. Mais les États-Unis ne sont plus dans la situation des pays ne produisant pas d'œuvres d'art ou de littérature. Ils ont des peintres et des écrivains de grand talent. Or, quelle a été jusqu'à présent la règle de conduite des États-Unis en ce qui concerne les rapports avec les nations étrangères? C'est la protection à outrance. Eh bien! ils ne suivent pas cette règle quand ils ne protègent pas la propriété artistique et littéraire, ils deviennent libre-échangistes sur ce point, et arrêtent l'extension que pourrait prendre chez eux le commerce des arts en enlevant à leurs littérateurs et à leurs artistes la possibilité de retirer une rémunération suffisante de leur travail. Quelle sera la position d'un jeune Américain, auteur dramatique ou compositeur, allant proposer une pièce de théâtre ou un opéra à un directeur de son pays et cherchant à obtenir un prix quelque peu rémunérateur ? Le directeur lui répondra, avec juste raison : « Pourquoi irais-je vous payer un droit lorsque je puis prendre, sans que cela me coûte rien, les pièces de Dumas, de Sardou, d'Augier, etc. et de tous les auteurs les plus célèbres d'Europe, et les opéras les meilleurs ? » Le peintre américain qui voudra vendre le droit de reproduction de son tableau à un éditeur de gravures recevra une réponse analogue, puisque cet éditeur peut choisir parmi tous les sujets publiés par les éditeurs étrangers, sans avoir rien à payer pour le droit de reproduction. De même aussi pour les écrivains américains, puisque tous les livres des écrivains étrangers peuvent être publiés par les éditeurs américains sans qu'ils aient besoin de payer aucune redevance à ces auteurs. Si donc les États-Unis étaient logiques avec eux-mêmes, ils devraient être des premiers à adhérer à toute convention protégeant la propriété artistique, puisque, ainsi, ils aideraient à la formation d'artistes chez eux, tandis que, avec le système actuel, ils obligent leurs écoles naissantes à lutter dans des conditions d'infériorité indiscutables avec l'élite des écoles étrangères.

Une autre preuve du peu de logique qui règle la conduite des États-Unis dans ces matières, c'est le droit de 25 0/0 dont ils frappent les gravures importées en Amérique. En effet, ou ils veulent n'apporter aucune entrave à la diffusion des œuvres artistiques, afin de former le goût de leur peuple, et alors pourquoi frapper d'un droit de 25 0/0 les gravures importées? ou ce droit a pour but de protéger les graveurs indigènes, et alors pourquoi permettre la contrefaçon avec laquelle on leur fait concurrence? Les faits que nous venons d'exposer nous semblent d'une telle évidence que nous ne pouvons comprendre que les États-Unis ne soient pas entrés déjà dans la voie de la protection de la propriété artistique et littéraire des étrangers, qui serait en même temps la protection de leurs nationaux. La seule raison qui puisse expliquer cette conduite, c'est que leur législation date d'une époque lointaine où les États-Unis n'avaient encore aucune école artistique ou littéraire, et où, par conséquent, ils n'avaient aucun intérêt personnel à protéger les artistes étrangers.

Comme cette question n'est pas de celles qui passionnent le gros public et qui peuvent, par leur actualité, solliciter immédiatement l'attention des législateurs, il en résulte que cette vieille législation a survécu à un état de choses qui n'existe plus et qui, à la rigueur, pouvait l'expliquer, sinon l'excuser.

Il ressort, de tout ce qui précède, que non seulement le marché américain est un marché perdu pour l'Europe, mais est encore une source de contrefaçons qui vont inonder le monde entier, car il est bien difficile de pouvoir être informé de toutes les contrefaçons qui sont mises en vente dans les différents pays. Nous avons vu nous-mêmes, à Bruxelles, de nombreuses contrefaçons provenant d'Amérique.

Ce point est très grave et intéresse à un haut degré, non seulement les éditeurs, mais encore les artistes, les écrivains, les auteurs dramatiques, et, en général, tous ceux qui vivent de leur art.

Il n'y a pas encore bien longtemps, certains artistes anglais vendaient leurs droits de reproduction des prix fort élevés, 25,000 et même 50,000 francs. A l'heure actuelle, il n'en est plus ainsi : aucun éditeur ne se risquerait, en effet, à payer de pareilles sommes, avec la perspective de voir les gravures qu'il aura fait faire, contrefaites quelques jours après leur publication. Beaucoup d'artistes et d'auteurs, pour tirer parti de leurs droits de reproduction, traitent avec des éditeurs qui doivent leur donner une certaine somme par épreuve ou volume vendu. Ceux-là, aussi, sont lésés dans leurs intérêts, car il est certain que ce qui est vendu comme épreuves ou volumes par les contrefacteurs américains l'eût été par les éditeurs propriétaires du droit, et l'artiste eût eu sa part légitime du bénéfice, part qui lui échappe complètement avec la législation actuelle. Cette situation est déplorable, et nous voudrions que le cri que nous poussons fût entendu et attirât l'attention sur elle.

On a dit encore, pour expliquer comment, à notre époque, une nation civilisée pouvait tolérer que la propriété artistique et littéraire ne fût pas protégée, qu'elle avait en vue, en agissant ainsi, l'éducation artistique de son peuple; que, ne produisant pas elle-même, elle voulait que toutes les productions étrangères fussent répandues, sans restrictions aucunes, dans la masse de la population, afin de développer son goût artistique et littéraire. C'est là encore un raisonnement très faux. En effet, si vous mettez sous les yeux du public des contrefaçons, reproductions, qui, en somme, n'offrent que l'apparence d'une chose artistique, sans en avoir aucune des qualités, vous dépraverez le goût public au lieu de le développer. C'est absolument comme si vous vouliez faire l'éducation d'un peuple en lui offrant des images d'Épinal. De même pour les livres : si vous pouvez, sans qu'il vous en coûte un centime, vous approprier tous les ouvrages publiés par les éditeurs étrangers, il est certain que vous serez beaucoup moins difficile dans votre choix que si vous aviez une redevance à payer, et que vous lancerez indifféremment sur le marché tout volume bien ou mal écrit pourvu qu'il vous offre la chance de faire un bénéfice quelconque. Si, au contraire, l'importance du droit à payer à l'artiste ou à l'auteur ne doit rendre le succès possible qu'autant que l'œuvre publiée a une valeur qui lui permette d'obtenir ce succès, il est évident que vous développerez réellement le goût de la population en lui fournissant des œuvres de ce genre.

Nous voulons espérer que les considérations que nous venons de développer attireront l'attention des intéressés, qui sont les peintres, les graveurs, les compositeurs, les écrivains, les auteurs dramatiques, etc., en un mot, tous les artistes de tous les pays d'Europe. Qu'ils s'unissent pour demander à leurs gouvernements respectifs qu'un effort énergique soit fait auprès du gouvernement des États-Unis pour qu'il ne tolère plus que le vol s'organise et se pratique ainsi au grand jour sur son territoire. Le marché américain a une importance de premier ordre; en réalité, c'est le pays du monde où le débouché pour les œuvres artistiques peut être le plus considérable. Il y a quatre ans, les États-Unis ont déjà porté un coup aux peintres en frappant d'un impôt de 30 0/0 les tableaux importés en Amérique. Quant aux livres ils supportent, déjà depuis longtemps, un droit de 25 0/0. C'est, croyons-nous, la première fois qu'on voit un peuple adopter des mesures qui tendent à limiter l'introduction chez lui des œuvres d'art; mais si cette mesure a été prise, dit-on, pour protéger l'école américaine, que les États-Unis soient donc conséquents avec eux-mêmes, en protégeant chez eux la propriété artistique et littéraire, ce qui reviendra, comme nous l'avons montré plus haut, à protéger leurs propres artistes.

Nous trouverons pour le mouvement que nous désirons provoquer, un concours assuré auprès des principales maisons américaines. En effet, aux États-Unis, ce n'est qu'une infime minorité qui est responsable de la situation pénible faite aux arts. Les grandes maisons d'édition, qui, pour la plupart, sont fort honorables, ne demandent qu'une chose : c'est qu'une loi protégeant la propriété artistique et littéraire intervienne le plus tôt possible afin qu'elles puissent entreprendre de grandes et belles éditions avec le concours des maisons européennes, ce qu'il leur est interdit de faire tant que la contrefaçon les exposera à voir les dépenses faites par elles dans ce sens devenir une source de pertes au lieu d'une source de profits.

On nous demandera, après avoir indiqué le mal, d'indiquer le remède. A cela, nous répondrons que le seul remède c'est de faire connaître le mal. Les États-Unis sont régis par une vieille législation dont les effets deviennent tous les jours pires, mais comme la grande masse du peuple n'est pas au courant de cette question, on laisse les choses aller. De même que dans bien d'autres pays, la grande coupable c'est la routine. Nous savons bien qu'on prétend que la politique, non plus, n'y est pas étrangère : que certains hommes d'État américains ne doivent leur élection qu'au concours pécuniaire qui leur est donné par les contrefacteurs pour qu'ils empêchent qu'aucune convention, pouvant mettre un terme à ce commerce, ne soit signée par les États-Unis. Malgré cela, nous sommes persuadés qu'il suffirait que les faits que nous venons de signaler fussent révélés au public américain pour qu'une indignation générale obligeât bientôt le gouvernement à y mettre un terme. Les Américains ne voudront pas que l'on puisse dire de leur pays qu'il est le seul au dix-neuvième siècle où la législation permette le vol et la piraterie vis-à-vis de l'étranger. Nous voudrions donc que tous les intéressés, peintres, graveurs, auteurs dramatiques, écrivains, tous ceux qui s'occupent d'art et en vivent, fissent tout ce qui est en leur pouvoir pour appeler l'attention du public sur la législation honteuse en vigueur aux États-Unis. Les peintres, les auteurs pourront, soit par voie de pétitions, soit par les comités de leurs différentes associations, adresser leurs plaintes aux Chambres et aux ministres pour que la question soit traitée diplomatiquement, et avec un peu plus de rapidité que n'en comporte généralement cette façon de procéder, mais c'est surtout sur la presse que nous comptons : c'est elle qui peut obliger les États-Unis à changer leur législation en soulevant contre le droit à la contrefaçon l'indignation de tous les honnêtes gens, à quelque pays qu'ils appartiennent.

RENÉ VALADON